Qu'est-ce qui me rend **triste**?

Perdre me rend triste.

Mes émotions

LA TRISTESSE

Un livre de la collection Les racines de Crabtree

AMY CULLIFORD

CRABTREE
Publishing Company
www.crabtreebooks.com

Soutien de l’école à la maison pour les parents, les gardiens et les enseignants

Ce livre aide les enfants à se développer grâce à la pratique de la lecture. Voici quelques exemples de questions pour aider le lecteur ou la lectrice à développer ses capacités de compréhension. Les suggestions de réponses sont indiquées en rouge.

Avant la lecture

- De quoi ce livre parle-t-il?
    - *Ce livre parle du sentiment de la tristesse.*
    - *Ce livre explique à quoi ressemble la tristesse.*

- Qu’est-ce que je veux apprendre sur ce sujet?
    - *Je veux apprendre ce qui me rend triste.*
    - *Je veux apprendre à quoi ressemble le sentiment de la tristesse.*

Pendant la lecture

- Je me demande pourquoi...
    - *Je me demande pourquoi je fronce les sourcils quand je suis triste.*
    - *Je me demande pourquoi je pleure.*

- Qu’est-ce que j’ai appris jusqu’à présent?
    - *J’ai appris à quoi ressemble le sentiment de la tristesse.*
    - *J’ai appris que les gens pleurent quand ils sont tristes.*

Après la lecture

- Nomme quelques détails que tu as retenus.
    - *J’ai appris que plusieurs choses peuvent rendre une personne triste.*
    - *J’ai appris que je peux dire aux gens que je suis triste afin qu’ils puissent m’aider.*

- Lis le livre à nouveau et cherche les mots de vocabulaire.
    - *Je vois le mot* ***perdre*** *à la page 4 et le mot* ***fronce*** *à la page 6. Les autres mots de vocabulaire se trouvent à la page 14.*

Je **fronce** les sourcils quand je suis triste.

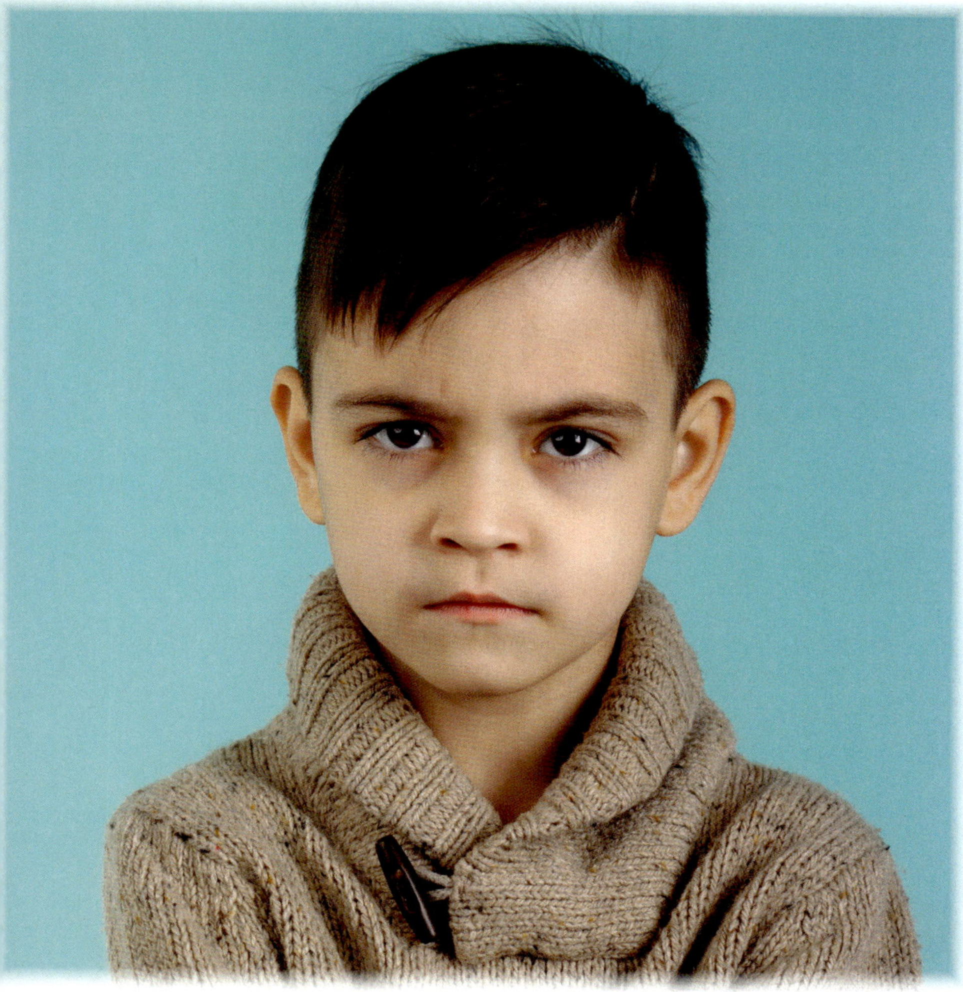

Je suis triste quand mon **amie** déménage.

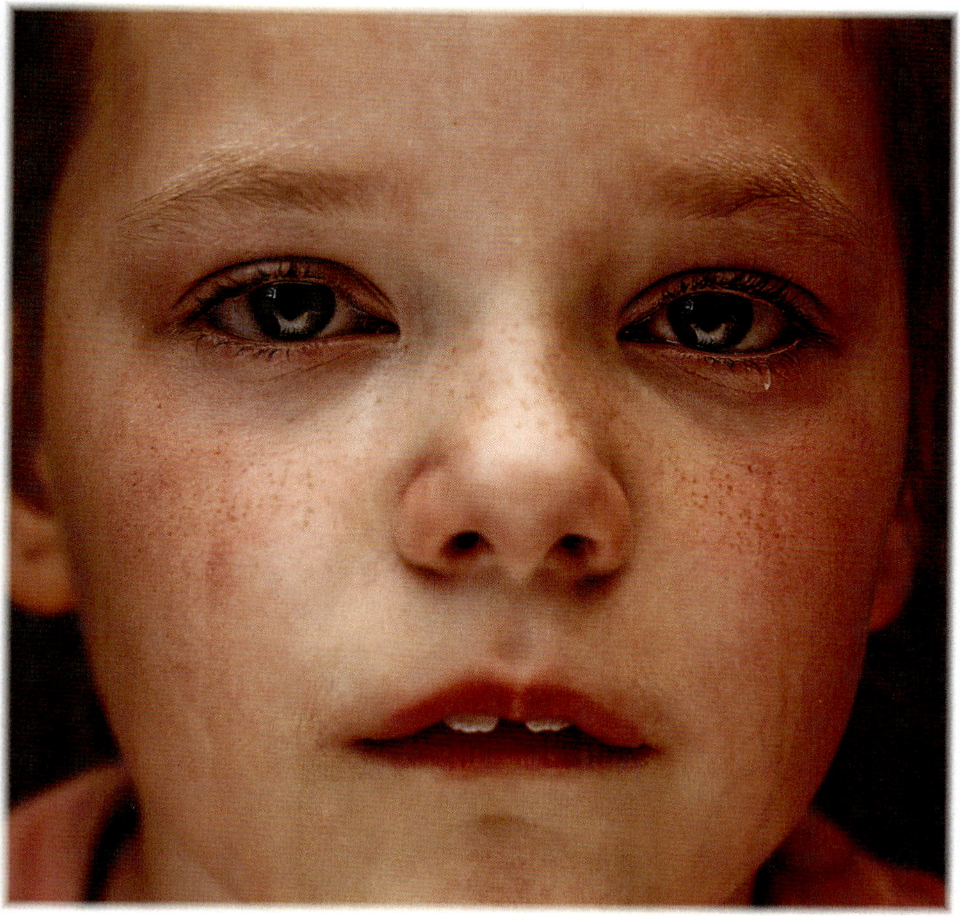

Je **pleure** quand
je suis triste.

Tu peux dire à ton amie que tu es triste.

Ton amie
peut t'aider.

Qu'est-ce qui te rend triste?

Liste de mots

Mots courants

à
je
me
mon
quand
qu'est-ce
rend
suis
tu

La boîte à mots

amie

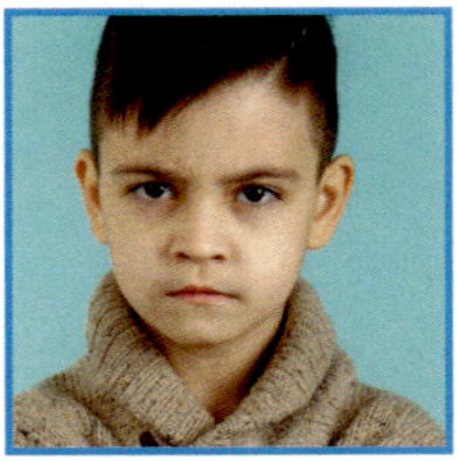

fronce

perdre

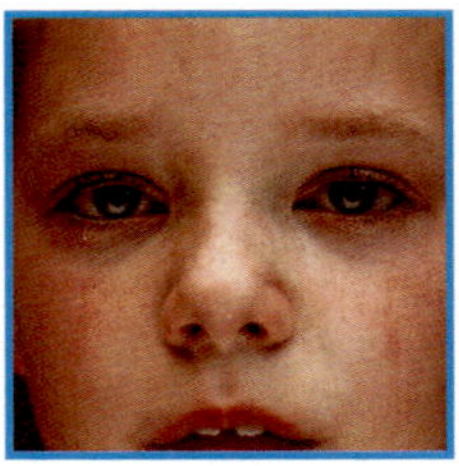

pleure

triste

49 mots

Qu'est-ce qui me rend **triste**?

Perdre me rend triste.

Je **fronce** les sourcils quand je suis triste.

Je suis triste quand mon **amie** déménage.

Je **pleure** quand je suis triste.

Tu peux dire à ton amie que tu es triste.

Ton amie peut t'aider.

Qu'est-ce qui te rend triste?

CRABTREE
Publishing Company

Autrice : Amy Culliford
Conception : Rhea Wallace
Développement de la série :
James Earley
Correctrice : Ellen Rodger
Conseils pédagogiques :
Marie Lemke M.Ed.
Traduction : Annie Evearts
Coordinatrice à l'impression :
Katherine Berti
Références photographiques :
Shutterstock : Juan Pablo Gonzaález : couverture; Eveny Atamanenko : p. 1; icsnaps : p. 3, 14; Brocreative : p. 5, 14; Evgenyrychko : p. 7, 14; Ttstock : p. 8, 14; Matryoha : p. 9, 14; szefei : p. 10-11; wavebreakmedia : p. 13

Mes Émotions

LA TRISTESSE

Crabtree Publishing Company

www.crabtreebooks.com 1-800-387-7650

Publié aux États-Unis
Crabtree Publishing
347 Fifth Avenue
Suite 1402-145
New York, NY, 10016

Publié au Canada
Crabtree Publishing
616 Welland Ave.
St. Catharines, Ontario
L2M 5V6

Imprimé au Canada/062021/CPC

Catalogage avant publication de Bibliothèque et Archives Canada

Titre: La tristesse / Amy Culliford ; texte français d'Annie Evearts.
Autres titres: Sad. Français.
Noms: Culliford, Amy, 1992- auteur.
Description: Mention de collection: Mes émotions | Les racines de Crabtree | Traduction de : Sad. | Comprend un index.
Identifiants: Canadiana (livre imprimé) 20210273461 | Canadiana (livre numérique) 2021027347X | ISBN 9781039605312 (couverture souple) | ISBN 9781039605374 (HTML) | ISBN 9781039605435 (EPUB) | ISBN 9781039605497 (livre numérique avec narration)
Vedettes-matière: RVM: Tristesse—Ouvrages pour la jeunesse. | RVMGF: Documents pour la jeunesse.
Classification: LCC BF723.S15 C8514 2022 | CDD j152.4—dc23